# Wir feiern Fasching, Fastnacht, Karneval

Eva Aichert

# Wir feiern Fasching, Fastnacht, Karneval

illustriert von Christine Paxmann

Pattloch Verlag

Die Deutsche Bibliothek – CIP-Einheitsaufnahme

Wir feiern Fasching, Fastnacht, Karneval /
Eva Aichert.
Ill. von Christine Paxmann. –
Augsburg : Pattloch, 1996
ISBN 3-629-00241-2

Es ist nicht gestattet, Abbildungen dieses Buches zu scannen, in PCs oder CDs zu speichern oder in PCs/Computern zu verändern oder einzeln oder zusammen mit anderen Bildvorlagen zu manipulieren, es sei denn mit schriftlicher Genehmigung des Verlages.

Gedruckt auf chlorfrei gebleichtem Papier.

Pattloch Verlag, Augsburg
© Weltbild Verlag, 1996
DTP/Satz: Arne Teutsch, München
Layout und Illustration: Christine Paxmann, München
Reproduktion: Litho Art, München
Druck und Bindung: Himmer, Augsburg
Printed in Germany
ISBN 3-629-00241-2

# Inhalt

Liebe Eltern und Erzieher .................... 6
Auf geht's zum Faschingsball .................... 7
Die Einladung im Luftballon .................... 8
Winter ade .................... 10
Girlandenbasteleien .................... 12
Hängende Tütenmasken .................... 14
Fasching, Fastnacht, Karneval .................... 16
Serviettenclowns .................... 18
Preise über Preise .................... 20
Die tanzende Papiertüte .................... 22
Puddinggesichter oder Gesichterpudding .................... 24
Sternchenbrot und Mondenschnitten .................... 26
Kinderfaschingsbowle .................... 27
Weißt du übrigens ... .................... 28
Hereinspaziert, hereinspaziert .................... 29
Das Wollknäuelspiel .................... 30
Birne sucht Birne .................... 31
Die Kinderkapelle .................... 32
Polonaise mit eigener Musik .................... 33
Spiele zum Ausruhen .................... 34
Kasperl will sich verkleiden .................... 36
... und hoch das Bein .................... 38
Der Riesenmaskengeist .................... 40
Wett- und Tobespiele .................... 42
Das Preisangeln .................... 44
A ram sam sam .................... 47
Fasching, Fastnacht, Karneval, ade! .................... 48

# Liebe Eltern und Erzieher!

Für Kinder gibt es einige, sehr wichtige Feste im Verlauf eines Jahres.
Neben Geburtstagen, Weihnachten, Nikolaus und Ostern ist es auch die Faschings- oder Karnevalszeit, die in ihrem jungen Leben eine bedeutende Stellung einnimmt.
Das Besondere an der Fastnacht ist dabei das Verkleiden. In die Maske eines anderen zu schlüpfen, hat auch für Erwachsene einen großen Reiz.
Kinder genießen es, als Räuber böse sein zu dürfen oder als Zauberer Macht auszuüben.
Sie können ihrem Berufswunsch (z. B. Sheriff u. ä.) Ausdruck verleihen oder sich in die Welt der Tiere einfühlen.
Wir beobachten das vor allem dann, wenn die Zirkusartisten, Prinzessinnen und alle anderen Verkleidungskünstler ihren Auftritt haben und sich in ihrem Kostüm vorstellen.
Da wird getanzt und flaniert, gehüpft und gekrochen, wie es die Rolle verlangt - und das mit großem Spaß.
Trotzdem muß auch ein so ausgelassenes Fest wie eine Faschings- oder Karnevalsfeier vernünftig geplant und vorbereitet werden.
Um Kindern dabei zu helfen und ihnen mit Tips zur Seite zu stehen, habe ich dieses Buch geschrieben.
Weil es sich aber an die Kinder richtet, sind einige Ergänzungen für die Erwachsenen extra gekennzeichnet.

Nun aber viel Spaß beim Vorbereiten und natürlich beim Feiern!

 # Auf geht's zum Faschingsball

An Fasching, Fastnacht, Karneval wird gefeiert!
Gewiß bist du auf den einen oder anderen Ball eingeladen und freust dich auch schon darauf.

Hast du nicht Lust, auch selbst ein Fest zu gestalten?
Dazu kannst du dann alle deine Freunde einladen.

Du wirst sehen, daß schon die Vorbereitung auf so ein Fest großen Spaß machen kann.

Zuerst aber werden die Einladungskarten gebastelt, die du deinen Freunden geben kannst.

# Die Einladung im Luftballon

Wie bei jedem Fest, willst du natürlich auch bei deinem Faschings- oder Karnevalsball Einladungen verschicken oder vergeben.
Das muß aber nicht unbedingt eine Karte sein. Gerade während der Fastnacht kann man aus einem Luftballon eine lustige Einladung gestalten.

Dazu schreibst du zuerst ein Brieflein auf einen kleinen Zettel:
„Lieber Oliver!
Am lumpigen Donnerstag steigt bei mir eine Faschingsparty. Komme um 15.00 Uhr im Kostüm und bringe viel gute Laune mit.
Viele Grüße, Deine Simone!"

Diesen Zettel faltest du ganz klein zusammen.

Nun nimmst du einen Luftballon ohne Aufschrift und bläst ihn auf. Die Öffnung verschließt du mit einer Schnur, damit die Luft später wieder aus dem Ballon rausgelassen werden kann.

Jetzt darf der Luftballon nach Lust und Laune mit Filzstift (am besten eignen sich wasserfeste Folienschreiber) bemalt werden.
Da kann ein buntes „Fasching" oder „Karneval" daraufstehen. Vielleicht verteilen sich aber auch Schlangenlinien und Konfettitupfen über den ganzen Ball. Sicher hast du selbst noch viele gute Ideen.

Wenn dir die Ballone gefallen, läßt du die Filzstiftgemälde gut trocknen und schneidest dann vorsichtig die Schnur auf.
Es wird ein bißchen dauern, bis der Luftballon die Runzeln verliert, aber dann kannst du deine kleinen Einladungszettel hineinstecken.
Nun ist die Einladung fertig.

Selbstverständlich brauchen deine Freunde eine kleine Hilfe, damit sie wissen, was sie mit diesem seltsamen Geschenk anfangen sollen. Erkläre ihnen, daß sie den Luftballon aufblasen müssen. Wenn sie ihn dann zum Platzen bringen, kommen sie an den Zettel, auf dem die Einladung steht.

# Winter ade

Stell dir vor, wie die Welt vor langer, langer Zeit ausgesehen hat:
Es gab keine Autos und keine Flugzeuge!
Die Menschen lebten in kleinen Häusern!
Fabriken gab es noch keine, die Leute arbeiteten als Schmied, Schuster oder Diener!
Die Kinder gingen nicht zur Schule; sie mußten arbeiten!
Die Menschen hatten noch nichts von Gott gehört. Sie glaubten, daß es für alles einen eigenen Gott gab!
Da gab es einen Göttervater, einen Kriegsgott, einen Wettergott usw. Auch die Jahreszeiten stellten sie sich als Götter vor.
Deshalb glaubten sie, daß ein Wintergott am Schnee und an der Kälte schuld war. Und sie meinten, dieser Wintergott sei stur und würde nicht von alleine gehen, um dem Frühling Platz zu machen. So sind die Leute eines Tages auf die Idee gekommen, den Winter zu vertreiben.

Sie zogen sich ganz bunt an und setzten scheußliche Masken auf. Dann nahmen sie alle Instrumente, mit denen man Krach machen konnte und gingen auf die Straße.
Lärmend und schreiend tanzten sie durchs Dorf und riefen immer wieder: „Winter, verschwinde!"

Im ersten Jahr kam tatsächlich bald darauf der Frühling. Da glaubten die Leute natürlich, daß ihre Masken und ihr Lärm den Wintergott vertrieben hätten.
Und so zogen sie von da an jedes Jahr maskiert und mit viel Radau durch die Straßen, um den Winter zu verjagen.

Viel später hörten die Menschen von Gott. Sie merkten, daß man den Winter nicht vertreiben kann.

Das Verkleiden und Krach machen war aber so lustig, daß es den Leuten am Ende des tristen Winters großen Spaß machte.
Deshalb blieben sie dabei und feierten jedes Jahr den Ausklang der kalten Jahreszeit und den Beginn des Frühlings.

Das ist bis heute so geblieben.

Dies ist nur eine der Möglichkeiten, eine Geschichte über die Herkunft des Faschings, der Fastnacht, des Karnevals zu erzählen. In der Literatur über Brauchtum finden sich zahlreiche andere Ableitungen. In eine Geschichte verpackt, bereiten sie den Kindern sicher die gleiche Freude wie die hier erzählte Variante.

 # Girlandenbasteleien

Das Festzimmer soll selbstverständlich geschmückt werden, und Girlanden dürfen dabei nicht fehlen. Bestimmt basteln einige Freunde mit dir zusammen die lustigen Papierschlangen.

**Du brauchst dazu:**
- Kreppapier
- Schere
- Klebstoff

Das Kreppapier schneidest du in ca. 15 – 20 cm breite Streifen. Dazu kann es in der Rolle bleiben, die dann einfach gedrittelt wird.

**Menschenkettengirlande**

1. Hier wird jeder Streifen Kreppapier zuerst wie eine Ziehharmonika gefaltet.

2. Auf das oberste Blatt zeichnest du einen Menschen, dessen Arme an beiden Seiten bis zum Rand reichen.

3. Nun kannst du das Papierpäckchen der Linie nach ausschneiden.

4. Wenn du den Papierstreifen schließlich auffaltest, siehst du eine Kette von Männchen vor dir, die sich an der Hand halten.

5. Ein Päckchen wird für eine ganze Girlande nicht ausreichen. Wenn es zu dick ist, läßt es sich auch nicht mehr gut ausschneiden. Du kannst aber auch mehrere kurze „Menschenketten" zusammenkleben und bekommst die Girlande so in der gewünschten Länge.

### Hexentreppe

1. Für die Hexentreppe brauchst du zwei gleich breite Papierstreifen.

2. Die Enden der beiden Streifen werden im rechten Winkel aufeinandergelegt und zusammengeklebt.

3. Nun nimmst du immer den unteren Streifen und klappst ihn nach oben. Auf diese Weise werden die Papierbänder zu einer sogenannten Hexentreppe gefaltet.

4. Ist ein Papierstück zu Ende, kannst du es durch Ankleben eines neuen Teiles verlängern. Das wird so lange gemacht, bis die Hexentreppe groß genug ist und aufgehängt werden kann.

### Rautengirlande

1. Zuerst wird das Kreppapier der Länge nach in der Mitte gefaltet.

2. Nun wird einmal von der einen, dann von der anderen Seite eingeschnitten. Das wiederholt sich immer wieder.

3. Zum Schluß kappst du das Papierband vorsichtig auseinander. Durch die Schnitte im Bug entstehen Rauten, bei den äußeren Schnitten bilden sich Zacken.

Die Girlanden sind fertig, und das Basteln mit deinen Freunden hat bestimmt Spaß gemacht. Wenn ihr die Papierschlangen aber gleich noch aufhängt, verwandelt sich das Zimmer zum fröhlich bunten Ballsaal.

# Hängende Tütenmasken

Es ist gut möglich, daß die Girlanden als bunte Dekoration nicht ausreichen. Luftballons, Luftschlangen und einige Papiertüten vom Supermarkt lassen das Zimmer schnell noch bunter werden.
Natürlich muß du die Tüten vor dem Aufhängen verzieren!

**Dazu benötigst du außer den Tüten:**
- Wollreste
- breiten Tesafilm
- Tonpapierreste
- Wachsfarben
- Schere

**So werden die Taschen verziert:**
1. Du denkst dir ein lustiges Gesicht aus, das du auf die eine Seite der Papiertüte malst. Das kann eine Clownsmaske, das Gesicht eines Chinesen oder ein Phantasiegesicht sein. Das Gesicht soll so auf der Tüte sein, daß die Griffe den Hals darstellen.

2. Dort, wo die Nase sein soll, schneidest du ein rundes Loch in den Beutel.

3. Dann drehst du aus dem Tonpapierrest eine lange spitze Tüte und klebst die Ränder zusammen. Am breiten Ende schneidest du ein paarmal 1 cm ein und hast jetzt eine Nase.

4. Die Nase wird schließlich von innen durch das runde Loch gesteckt. Dabei knickst du den Rand am breiten Ende um und klebst ihn innen an der Tasche fest.

5. Nun schneidest du von den Wollresten Stücke in verschiedenen Farben ab. Die Fäden können unterschiedlich lang sein - das hängt auch von dem aufgemalten Gesicht ab.

6. Jetzt klebst du die Wollreste mit breitem Tesafilm auf den Tütenboden und auf die Seiten. Wenn du lange Haare gern hast, kannst du sie auch am „Hinterkopf", das ist die Seite gegenüber des Gesichtes, anbringen.

7. Schließlich fehlt noch ein längerer Wollfaden, mit dem du die Tütenmaske aufhängst.
Dazu bohrst du durch den Taschenboden zwei Löcher im Abstand von ca. 10 cm. Der Wollfaden wird durch beide Löcher gesteckt und die beiden Enden auf der anderen Seite miteinander verknotet.

# Fasching, Fastnacht, Karneval

Refrain: Fa-sching, Fast-nacht, Kar-ne-val! Wir ge-hen heut' zum Fa-schings-ball! 1. Und was brau-chen wir da-für? Ein Ko-stüm, das brau-chen wir! Kas-perl o-der Zir-kus-clown sind ganz lu-stig an-zu-schau'n.

Refrain: Fasching, Fastnacht, Karneval!
Wir geh'n heut' zum Faschingsball!

2. Eine Maske wäre schön
und sehr spaßig anzuseh'n.
Kennen würd' uns keiner mehr!
„Wer bist du denn, bitte sehr?"

Refrain: Fasching, Fastnacht, Karneval!
Wir geh'n heut' zum Faschingsball!

3. Schließlich brauchen ich und du
gute Laune noch dazu.
Dann geh'n wir zum Faschingsball,
denn es ist ja Karneval!

Text und Melodie: Eva Aichert
Rechte liegen bei der Autorin

# Serviettenclowns

Die Tütenmasken sind schon eine schöne Zimmerdekoration, aber die kleinen Clowns aus Servietten und Wattekugeln gefallen dir bestimmt ebenso.
Sie lassen sich an der Lampe und der Zimmerdecke aufhängen oder aber als kleines Geschenk für deine Gäste verpacken.

**Du brauchst pro Clown:**
- eine Wattekugel mit 4 cm Durchmesser
- zwei Japanservietten
- Krepp- und Tonpapierreste
- Nadel (lang) und Faden
- Bleistift, Schere und Klebstoff

**Und so geht es:**
1. Mit der langen Nadel wird der Faden, der am Ende einen Knoten hat, durch die Wattekugel gezogen.

2. Nun legst du eine der Servietten aufgefaltet auf den Tisch und die zweite „über Eck" darüber.

3. Die Wattekugel wird genau in die Mitte der Tücher gelegt und der Faden aus der Kugel durch die Serviettenmitte gezogen.

4. Jetzt legst du die Papiertücher um die Wattekugel und wickelst den Faden unterhalb der Kugel einige Male um die Servietten, bevor du ihn dann verknotest.

5. Aus den Tonpapierresten werden die Arme und Beine ausgeschnitten und deren Ränder umgeknickt. Dies sind die Klebestellen, mit denen du die Gliedmaßen an der Serviette befestigst.

6. Schließlich braucht der kleine Clown noch ein Gesicht und eine Fliege oder Krawatte. Dazu verwendest du die kleinen Schnipsel, die beim Zuschneiden der Arme und Beine entstanden sind.

7. Wenn du aus den Tonpapierresten noch einen Viertelkreis ausschneidest und zum Hut drehst, ist der Serviettenclown bereit zum Aufhängen oder Verpacken.

Das Zimmer hat sich inzwischen in einen richtigen Ballsaal verwandelt. Für die Spiele kannst du aber zusammen mit deinen Freunden noch einiges vorbereiten.

 # Preise über Preise

Ein Faschings- oder Karnevalsfest ohne Spiele ist nur halb so schön.
Sicher hast du auch schon viele Ideen für Tanz- und Wettspiele (wenn nicht, findest du auf den Seiten 38/39 und 42/43 einige Vorschläge).
Weißt du aber auch schon, was die Gewinner als Preis bekommen?
Bestimmt kann ich dir mit einigen Ideen für selbstgebastelte Geschenke helfen.

**Ansteckfliege**
Für dieses kleine Geschenk brauchst du einen Knickstrohhalm und eine Sicherheitsnadel.
1. Kürze den Strohhalm so, daß der gerillte Knickteil genau in der Mitte ist.
2. Mit einer spitzen Schere schneidest du nun die Röhren von beiden Seiten jeweils bis zum Beginn des Knickteiles auf.
3. Auf jeder Seite wird das Ende des Halmes so in das gerillte Mittelstück gesteckt, daß sich eine Fliege bildet.
4. Schließlich fehlt noch die Sicherheitsnadel, die durch das Mittelstück gesteckt und so zur Ansteckernadel wird.

## Strohhalmknopfkette

Die abgeschnittenen Strohhalmstücke und einige schöne Knöpfe aus Mutters Nähkiste sind nötig, um diese hübschen Ketten herzustellen.

1. Dazu schneidest du die Strohhalmreste, die vom Fliegenbasteln übrig sind, nochmals in 4 oder 5 Teile.
2. Mit einem festen Faden wird nun immer abwechselnd ein Halmstück und ein Knopf aufgefädelt.
3. Bist du mit der Länge der Kette zufrieden, verknotest du nur noch die Enden.

## Pfeifenputzertintenfisch

Du brauchst eine Wattekugel mit 4 cm Durchmesser und 3 bunte Pfeifenputzer.

1. Male die Kugel in einer Farbe an, die gut zu den Pfeifenputzern paßt.
2. Die Wattekugeln haben an einem Ende ein kleines Loch. Das wird vergrößert, indem du es mit einer geschlossenen Schere ausbohrst.
3. Nun halbierst du die Pfeifenputzer und steckst die 6 Enden in die Wattekugel. Normalerweise stecken sie so fest, daß du auf den Einsatz von Klebstoff verzichten kannst.
4. Zum Schluß bekommt die Krake noch ein Gesicht aufgemalt.

Nun hast du einige hübsche Preise, die du verpackt an einer langen Schnur befestigst. Auf Seite 44 kannst du dann nachlesen, wozu diese Geschenkeschnur verwendet werden kann.

# Die tanzende Papiertüte

*von Eva Aichert*

Im Kindergarten ist heute Faschingsball.
Das Gruppenzimmer ist ganz bunt geschmückt. Da hängen Papiergirlanden von einer Wandseite zur anderen. Von der Decke baumeln bunt bemalte Masken und lustige Papierschlangen.
Viele Kinder sind schon hier in ihren Faschingskostümen. Clowns kann man da sehen und Zauberer, Prinzessinnen und Tiger, Indianer und Cowboys.
Schließlich kommt Laura. Sie ist als Marienkäfer verkleidet. In der Hand hält sie eine Papiertüte.
„Schau mal, Monika", ruft sie ihrer Erzieherin zu. „Ich hab was mitgebracht!"
Laura zeigt Monika die braune, bunt bemalte Papiertüte. Ein Clown mit lustigem Wuschelhaar schaut Monika entgegen. Der ist so schön, daß sie ihn mitten im Zimmer an die Lampe hängt.
Laura schaut ihre Tüte liebevoll an. Sie hatte sich solche Mühe beim Bemalen gegeben.
Monika legt eine Kassette mit lustigen Kinderfaschingsliedern in den Recorder ein.
Gleich beginnen die Kinder zu tanzen.

Der Papierclown schaut sich das Ganze von oben an.
„Nein", denkt er sich. „Das muß nicht sein! Die Kinder da unten sind fröhlich und tanzen. Ich hänge hier oben und kann mich nicht rühren!"
Langsam fängt er an zu wackeln. Zuerst zappeln die Griffe, dann schaukelt der ganze Clown hin und her.
Laura schaut immer wieder zu ihrer Tüte. Deshalb merkt sie auch, daß er zu tanzen beginnt. Sie zupft Monika an ihrem Kostüm. „Schau", flüstert sie.
„Nicht anschubsen", antwortet Monika. „Sie fällt vielleicht herunter."
„Ich war das nicht", sagt Laura. „Sie tanzt alleine!"
„Jetzt erzählst du aber Geschichten!" Monika muß lachen.
Laura wird ungeduldig. „Jetzt rollt sie sogar mit den Augen!"
Nun hat es die Erzieherin auch bemerkt. „Paß mal auf", sagt sie zu Laura. Vorsichtig schneidet sie die Schnur durch, mit der der Papierclown aufgehängt ist. Sie setzt die Tüte behutsam auf den Boden. Nun legt der Clown aber los!
Mit den Griffen als Füße tanzt er eine Polka. Wie ein Wirbelwind tobt er mit den Kindern durchs Zimmer.

Das ganze Faschingsfest feiert der tanzende Papiertütenclown mit. Zum Schluß führt er bei der Polonaise sogar die lange, lange Kinderschlange an.

# Puddinggesichter oder Gesichterpudding

Bei einem lustigen Faschingsfest willst du deinen Gästen bestimmt auch etwas Lustiges zu essen und trinken anbieten.
Mit Pudding hast du da viele Möglichkeiten.
Zuerst mußt du ihn natürlich kochen!

**Dazu brauchst du für 3 Personen:**
- $\frac{1}{2}$ l Milch
- 1 Päckchen Puddingpulver
- 3 Eßlöffel Zucker
- Topf, Kochlöffel, Puddingformen

**Zubereitung:**
1. Das Puddingpulver kommt zusammen mit dem Zucker in eine kleinere Schüssel.
2. Von der Milch gießt du nach und nach etwas dazu und rührst mit einem kleinen Löffel fest um. Gebe nicht zuviel Milch auf einmal an das Pulver, sonst bilden sich beim Umrühren Klümpchen.
3. Die restliche Milch schüttest du in einen Topf.
   Schalte die Herdplatte auf höchste Stufe und bringe die Milch zum Kochen. Rühre während des Kochens fleißig um, damit die Milch nicht anbrennt. Der Topf darf auch nicht alleingelassen werden – ehe man sich versieht, ist die Milch übergekocht.
4. Wenn es soweit ist, nimmst du den Topf vom Herd und gießt das angerührte Puddingpulver in die Milch.
5. Nun muß der Topf nochmals auf die Herdplatte, bis der Pudding Blasen wirft.
6. Schließlich kann er zum Abkühlen zur Seite gestellt werden.

**Verzieren:**
Es sind viele Arten denkbar, den Pudding „in Form" zu bringen.
1. Im Haushaltswarengeschäft gibt es Puddingschälchen, die z. B. die Form eines Mickey-Mouse-Kopfes haben.
   Spüle sie kalt aus und gieße den heißen Pudding hinein.
   Von einem halben Liter Milch kannst du 3 Förmchen füllen.
   Jetzt läßt du die Nachspeise $\frac{1}{2}$ Stunde abkühlen und stellst sie dann für 1 oder 2 Stunden in den Kühlschrank.
   Löse nach dieser Zeit den Pudding vorsichtig vom Rand und stürze dann die Form auf einen Kuchenteller.
   Siehe da, es lacht dich eine braune oder gelbe Mickey Mouse an.
2. Wenn du die Förmchen nicht findest oder kaufen willst, kannst du die Puddingmasse auch in Kompottschalen abkühlen lassen. Auch dann läßt sich die kalte Nachspeise auf einen Teller stürzen. Du darfst nur nicht vergessen, die Formen vor dem Einfüllen mit kaltem Wasser auszuspülen.
   Damit der Pudding hier noch etwas lustiger wird, verzierst du ihn mit bunten Schokoladenbonbons und Schlagsahne.

Diese drolligen Puddinggesichter gefallen deinen Gästen ganz gewiß.
Wenn sich dann das Auge sattgesehen hat, freuen sich die Münder auch noch auf den leckeren Puddinggeschmack.

Die etwas älteren Kinder sind schon sehr gut in der Lage, ihren Pudding selbstständig zu kochen. Den jüngeren kann man beim Einrühren des aufgelösten Pulvers helfen. Über kleine Klumpen im Pudding ärgern sich die Kinder in der Regel am meisten.

# Sternchenbrot und Mondenschnitten

Hinter diesen geheimnisvollen Namen verbergen sich belegte Brote, die aber ein bißchen anders aussehen als gewöhnlich.

**An Zutaten benötigst du dazu:**
- ein festes Roggenbrot, das nicht bröselt
- Butter oder Margarine
- Leberwurst und Streichkäse
- weicher Schnittkäse und Gelb- oder Kalbfleischwurst
- Essiggurken, Oliven, Karotten, Mayonnaise und andere Zutaten, die sich zum Verzieren eignen.

**Die kleinen Brote richtest du so her:**
1. Das in Scheiben geschnittene Roggenbrot bestreichst du mit Butter, Margarine, Leberwurst oder Streichkäse.
2. Nun werden mit Ausstechformen von Weihnachten Sterne, Monde, Herzen oder auch Kreise aus dem Brot ausgestanzt.
3. Für die mit Butter oder Margarine bestrichenen Brötchen brauchst du noch Wurst oder Käse mit den gleichen Formen.
4. Die fertigen Monden- oder Herzenschnitten können nun noch nach Lust und Laune von dir verziert werden.
5. Schließlich verteilst du die fertigen Schnitten auf mehrere Teller.

Für eine Faschingsparty eignet sich ein kaltes Buffet besonders gut. Dabei werden alle vorbereiteten Speisen auf einen Tisch gestellt. So kann jeder deiner Freunde dann etwas essen, wenn er Hunger hat oder mal mit einem Spiel aussetzen will.

# Kinderkarnevalsbowle

Neben den leckeren Speisen darf ein richtiges Kinderkarnevalsgetränk natürlich nicht fehlen.
Hast du schon einmal eine Fruchtsaftbowle getrunken?
Sie schmeckt gut, erfrischt, und die Fruchtstücke sind der „Pfiff" des Getränkes.

**Du brauchst:**
- eine Dose Ananas (450 ml)
- eine Flasche dunkler Multivitaminsaft
- $\frac{1}{2}$ l spritziges Mineralwasser
- Zitronen- und Orangensaft zum Abschmecken
  Je nach Anzahl deiner Gäste mußt du das Rezept verdoppeln oder sogar verdreifachen.

**So wird's eine Bowle:**
1. Öffne die Ananasdose und schütte den Saft in eine große Schüssel.
2. Die Fruchtstücke gibst du auf einen Teller und beträufelst sie mit Zitronensaft.
3. Nun kommt der Multivitaminsaft in die Schüssel. Das Getränk wird noch mit Orangensaft abgeschmeckt, dann kommen die Ananasstücke dazu.
4. Das Mineralwasser gießt du erst kurz vor Beginn der Party zum Saft. So prickelt die Fruchtsaftbowle länger.

Mit dieser Bowle, den Sternenschnitten und den Puddinggesichtern ist dein buntes Buffet auf alle Fälle die Sensation der Party. Nachdem auch das Zimmer total lustig dekoriert ist, bist du bereit!
Nun kann der Fasching-Fastnacht-Karnevals-Trubel beginnen!

# Weißt du übrigens...

Welcher Peter macht den größten Lärm?

(Trompeter)

Was ist der Unterschied zwischen einem Elefanten und einem Floh?

(Ein Elefant kann Flöhe haben ...)

Was ist der Unterschied zwischen einem Raben?

(Beide Beine sind gleich, besonders das rechte)

Welcher Vogel hat keine Federn?

(Spaßvogel)

Welcher Vogel sieht dem Storch am ähnlichsten?

(Störchin)

# Zungenbrecher

Fischers Fritze fischt frische Fische;
frische Fische fischt Fischers Fritze.

Blaukraut bleibt Blaukraut
und Brautkleid bleibt Brautkleid.

Zwischen zwei Zweigen sitzen
zwei zwitschernde Schwalben.

# Hereinspaziert, hereinspaziert

Alles ist bunt geschmückt, das Essen steht bereit und du hast nun auch eine tolle Maske angelegt, dich verkleidet oder geschminkt. Gut siehst du aus!
Gleich werden deine Gäste mit Gelächter und Gejohle ankommen und viel gute Laune mitbringen.

Damit bei deinem Fest aber auf gar keinen Fall Langeweile aufkommt, findest du auf den nächsten Seiten viele Anregungen für tolle Spiele.

# Das Wollknäuelspiel

Kennen sich alle deine Gäste untereinander?
Wenn nicht, fängst du das Fest mit dem Wollknäuelspiel an, das nicht nur lustig ist, sondern auch dafür sorgt, daß sich alle Mitspieler beim Namen nennen.

1. Dazu setzen sich alle Kinder in einen Kreis auf den Boden.
2. Ein Kind hat ein Wollknäuel und hält das Ende des Fadens mit einer Hand fest.
3. Mit der anderen Hand wirft es das Knäuel einem anderen Kind zu, das es vorher gerufen hat.
4. Dieser Mitspieler versucht, den Wollball zu fangen. Dann ruft er den nächsten Gast und wirft auch ihm das Knäuel zu. Den Faden muß er dabei natürlich festhalten.
5. So entsteht nach und nach ein Spinnennetz, mit dem alle Kinder untereinander verbunden sind.
6. Lustig wird es natürlich, wenn ein Kind zu kurz wirft und die Wolle im „Fadengestrüpp" verschwindet.
7. Auch das Aufwickeln, bei dem der Spieler mit dem Wollball über alle Fäden wegsteigen muß, macht großen Spaß.

Du wirst sehen, daß sich deine Gäste schnell kennengelernt haben und bereits gespannt auf das nächste Spiel warten.

# Birne sucht Birne

Bei vielen Spielen, die ich kenne, werden Paare gebildet.
Oft ist es so, daß sich immer wieder die gleichen Kinder zusammenschließen, weil sie sich schon gut kennen.
Lustiger ist es natürlich, wenn die Spielpartner häufig wechseln. Mit einem Partnersuchspiel kannst du dafür sorgen, daß „Väterchen Zufall" für die Zusammensetzung der Spielgruppen sorgt.

1. Verteile an alle Kinder kleine Kartons im Postkartenformat, die du vorher gekauft oder zugeschnitten hast.
2. Nun werden auf die Karten einfache Bilder gemalt, und zwar jedes Motiv zweimal. Wenn du deinen Freunden einfache Dinge (Birne, Pilz, Haus, Baum usw.) zum Malen vorschlägst, dauert es nicht so lange.
3. Die fertigen Bilder werden eingesammelt und gut gemischt wie bei einem Kartenspiel.
4. Nun werden die Karten verdeckt verteilt.
5. Schalte die Musik ein und fordere deine Gäste auf, sich während des Tanzens ihren Spielpartner mit demselben Motiv zu suchen.

**Kleiner Tip:**
Wenn euch das Malen der Motive zu lange dauert, könnt ihr für das Partnersuchspiel auch Memorykarten verwenden.

So, nun aber auf zur Polonaise!

# Die Kinderkapelle

1. Rä - be - te, rä - be - te, pläm, pläm, pläm, pläm, pläm, pläm, pläm, pläm. Rä - be - te, rä - be - te, pläm, pläm, pläm. Die Mu - sik ist da.

2. Räbete, räbete, kling, kling, kling,
kling, kling, klingeling.
Räbete, räbete, kling, kling, kling.
Die Musik ist da.

3. Räbete, räbete, tschin, tschin, tschin,
tschin, tschin, tschindara.
Räbete, räbete, tschin, tschin, tschin.
Die Musik ist da.

4. Räbete, räbete, bum, bum, bum,
bum, bum, bumbumbum.
Räbete, räbete, bum, bum, bum.
Die Musik ist da.

Worte und Weise: Aus der Schweiz

# Polonaise mit eigener Musik

Dieses Lied ist einfach zu lernen, du hast es sicher schon bemerkt. Deshalb kann man dazu auch sehr gut eine Polonaise tanzen. Allerdings braucht ihr noch Instrumente, die euch bei euren Sing-, Schreit- und Tanzkünsten unterstützen.

Für eine Karnevalspolonaise sind viele Gerätschaften, die in einer Küche zu finden sind, vorzüglich geeignet.

Da gibt es Löffel, die man wie Castagnetten aneinanderschlagen kann. Topfdeckel dürfen mit Kochlöffeln oder Schneebesen bearbeitet werden. Ein Minutenwecker sorgt in regelmäßigen Abständen für das entsprechende Klingeln. Schließlich kann man mit dem Kochlöffel auch auf einer Plastikschüssel trommeln. Wenn jeder sein „Instrument" gefunden hat, stellt ihr euch paarweise auf. Laut singend und „spielend" wandert ihr durchs Haus. Wenn es möglich ist, können sich die Paare auch einmal trennen, um sich nach einer Einzelrunde wieder zusammenzufinden. Schließlich trennen sich die Paare noch einmal und gehen dann im Gänsemarsch hintereinander her. Da geht's dann über Stühle und unter Tischen hindurch. Das Spielen der Instrumente und das Singen dürft ihr dabei natürlich nicht vergessen.

Die Polonaise endet, wie sollte es auch anders sein, am kalten Buffet. Wer noch keinen Hunger hat, will sich gewiß mit einem Schluck Bowle erfrischen, bevor das nächste Spiel beginnt.

> Kinderpolonaisen werden häufig zu einer sehr lebhaften Aktion.
> Um ernste Auseinandersetzungen zu vermeiden, ist es sinnvoll, alle gefährdeten Gegenstände wie Vasen o. ä. vor dem Beginn des Festes in Sicherheit zu bringen.

 # Spiele zum Ausruhen

Spiele, die an Fasching und Karneval für Stimmung sorgen, gibt es so viele wie Sand am Meer.
Damit du nicht den Überblick verlierst, habe ich drei Gruppen gebildet.
Zu der ersten Gruppe gehören die ruhigeren Spiele. Du kannst sie immer dann anregen, wenn dir und deinen Freunden etwas „die Puste ausgeht".

### 1. Mehllöffeln

Dazu brauchst du ein Tablett und 1 kg Mehl. Außerdem gehören noch ein Eßlöffel und ein Fingerring zu diesem Spiel.
Das Mehl wird auf dem Tablett zu einem Berg aufgehäuft und die Oberfläche festgedrückt.
Ganz oben auf die Bergkuppe legst du den Ring und drückst ihn ein kleines bißchen fest.
So stellst du alles auf den Tisch.
Nun beginnt das Spiel. Jeder hat die Aufgabe, dann mit dem Löffel eine Portion Mehl abzunehmen, wenn das Tablett bei ihm gelandet ist. Wie er das macht und wieviel Mehl er wegnimmt, ist seine Sache. Wenn das geschehen ist, wird das Tablett weitergeschoben zum Nachbarn.
Das Spiel ist fast zu Ende, wenn der Ring von dem Mehlberg herunterfällt.
Nun kommt aber das Lustigste!
Der Verlierer, bei dem der Ring ins Rutschen gekommen ist, muß ihn nämlich wieder aus dem Mehl herausfischen – MIT DEM MUND!
Wenn sich alle ausgelacht haben, geht ihr zum Mehl abkehren und -wischen am besten ins Freie.

## 2. Papierball löffeln

Bevor das Spiel losgeht, müssen aus altem Zeitungspapier Bälle geknüllt werden. So groß wie Tischtennisbälle dürfen sie schon sein. Die Bälle werden auf den Tisch oder Boden gelegt. Nun spielen immer zwei Kinder gegeneinander. Sie bekommen die Augen verbunden. Dann erhält jedes Kind ein Körbchen und einen Eßlöffel. Bei „Fertig, los!" gilt es, in einer bestimmten Zeit möglichst viele Bälle in sein Körbchen zu sammeln. Nur mit dem Löffel und ohne etwas zu sehen, ist das ganz schön schwer.

Der Gewinner bekommt natürlich einen Preis (siehe Seite 44)

## 3. Armer, schwarzer Kater

Das ist ein sehr altes Spiel, das ich bereits seit meiner Kindheit kenne. Vielleicht hast auch du es schon einmal gespielt.

Vor Beginn der ersten Runde ist es wichtig, daß alle Mitspieler schon etwas albern und zum Lachen aufgelegt sind. Dann wird es ein richtiger Spaß!

Alle Kinder setzen sich in den Kreis; nur eines ist als Kater in der Mitte. Der Kater aber wandert jetzt miezend und maunzend im Kreis herum. Wenn er sich bei einem Kind am Bein reibt, muß dieses „Armer, schwarzer Kater" sagen und die Katze streicheln, ohne zu lachen. Gelingt ihm das, muß der Kater weiterziehen. Lacht es aber, werden die Rollen getauscht, und es geht als neuer Kater in die Mitte des Kreises.

Es ist gleichgültig, welches der ruhigeren Spiele ihr gespielt habt. Spaß hat es sicherlich gemacht, und die Lungen haben sich so gut erholt, daß nun auch wieder wildere Spiele kommen dürfen.

Vorher aber kommt noch der Kasperl zu Gast!

# Kasperl will sich verkleiden

Dieses kleine Theaterstück für Kasperl und seine Großmutter ist schnell zu lernen und notfalls auch alleine zu spielen.
Eine Bühne ist aus zwei Stühlen und einer Decke im Handumdrehen aufgebaut. Dann geht es los!

Kasperl: *Tri tra trallala! Tri tra trallala!*
Kasperl kommt auf die Bühne.
Kasperl: *Hallo, Kinder! Habt ihr die Großmutter gesehen? Ich brauche sie. Großmutter! Großmutter!*
Kasperl geht.
Gleich darauf kommt Großmutter.
Großmutter: *Kinder, habt ihr den Kasperl gesehen? Er muß noch abspülen. Was sagt ihr? Gerade war er da? Na, dann helft mir mal rufen. Weit kann er ja dann nicht sein.*
Die Kinder helfen der Großmutter beim Rufen. Kasperl kommt zurück.
Kasperl: *Großmutter, da bist du ja! Ich suche dich wie eine Heunadel im Steckhau..., äh, Stecknadel im Heuhaufen.*
Großmutter: *Was meinst du, was ich tue? Hast du schon abgespült? Du weißt, du bist heute mit Küchendienst an der Reihe.*
Kasperl: *Ich geh gleich zurück, Großmutter. Aber zuerst mußt du mir helfen. Ich brauche ein Faschingskostüm! Ganz dringend!*
Großmutter: *Warum brauchst du ein Kostüm?*
Kasperl: *Gretel und ich sind doch beim Seppel auf einen Faschingsball eingeladen. Seppel geht als Pozilist, äh, Polizist, und Gretel verkliddert sich als Prinzesselin. Und ich? Was mach ich?*
Großmutter: *Das ist eine schwierige Frage! Was hältst du von einem Krokodil?*
Kasperl: *Nein, nein! So was Böses mach ich nicht. Ich will was Lustiges sein.*
Großmutter: *Ein lustiges Kostüm, so, so... Na, dann warte mal ab. Du spülst ab, und dann bekommst du dein Kostüm. Versprochen!*
Kasperl: *Also gut. Versprochen ist versprochen!*
Kasperl geht.

Großmutter: *Der wird sich wundern.*
Sie kichert und geht weg.
Nach einer kurzen Pause kommt Kasperl wieder.
Kasperl: *So, jetzt bin ich gespannt auf das Kostüm, das Großmutter für mich hat. Ich habe jedenfalls alles abgespült.*
Großmutter kommt.
Kasperl: *Großmutter, wo ist mein Kostüm? Du hast es mir versprochen. Gretel wartet schon auf mich.*
Großmutter: *Schau mal da hinein.*
Sie hält ihm einen Spiegel vor die Nase.
Großmutter: *Was siehst du?*
Kasperl: *Mich, den Kasperl!*
Großmutter: *Du wolltest doch etwas Lustiges! Ist ein Kasperl nicht ein lustiges Kostüm?*
Kasperl stutzt.
Kasperl: *Hmm! Stimmt eigentlich! Ja, richtig!*
Kasperl fängt an zu tanzen.
Kasperl (singend): *Ich verkleide mich als Kasperl! Hi, hi, hi! Ich bin mein eigenes Kostüm, hi, hi, hi, hi! Komm, Großmutter, wir gehen zu Gretel, das muß ich ihr erzählen.*
Kasperl und Großmutter verlassen singend und „Tschüß" rufend die Bühne.

Natürlich kannst du den Text auch verändern, das Stück verlängern oder abkürzen. Vielleicht fällt dir an der einen oder anderen Stelle noch etwas besonders Witziges ein. Wichtig ist, daß es dir und deinen Freunden Spaß gemacht hat und ihr nun Lust auf ein neues Spiel habt.

# ... und hoch das Bein

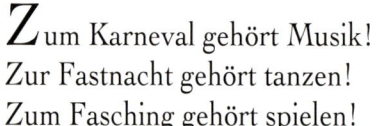

Zum Karneval gehört Musik!
Zur Fastnacht gehört tanzen!
Zum Fasching gehört spielen!
Tanzspiele verbinden alles miteinander.
Den bekannten Luftballontanz (der Luftballon wird zwischen den Köpfen der Tanzpartner eingeklemmt) kennst du sicher. Deshalb findest du hier noch ein paar unbekanntere Tanzspiele, die du deinen Gästen zeigen kannst.

### 1. Schwungtuchtanz

Bei diesem Spiel braucht jedes Tanzpaar ein Tuch (die großen, quadratischen Halstücher sind ideal) und einen Luftballon. Die Spielpartner nehmen das Tuch so in die Hände, daß es waagrecht gespannt ist. Darauf wird nun der Luftballon gelegt.

Wenn nun die Musik einsetzt, muß der Luftballon durch Schwingen des Tuches in die Höhe geschleudert werden.

Um im Spiel zu bleiben, müssen drei Regeln beachtet werden.

I. Der Luftballon muß ständig hochgeschleudert werden, darf also nicht im Tuch liegenbleiben.
II. Der Luftballon darf nicht mit den Händen angefaßt werden.
III. Der Luftballon darf nicht auf dem Boden landen.

Wer gegen eine der Regeln verstößt, scheidet aus.
Das Gewinnerpaar bekommt einen Preis (siehe Seite 44).

## 2. Spiegeltanz

Dieser Tanz muß nicht unbedingt zum Wettspiel gemacht werden. Es ist auch so sehr spaßig. Die beiden Tanzpartner stehen sich dabei genau gegenüber. Vor dem Einsetzen der Musik vereinbaren die beiden noch, wer der „Spiegel" ist. Nun fängt der eine an zu tanzen, der andere versucht, möglichst zur gleichen Zeit die gleichen Bewegungen zu machen, aber spiegelverkehrt. Mißverständnisse und zu schnelle Bewegungen führen schnell zu solchen Verrenkungen, daß die meisten bald vor Lachen aufhören zu tanzen. Soll es jedoch ein Wettspiel sein, brauchst du einen Schiedsrichter, der die einzelnen Paare beobachtet und dann entscheidet, bei wem der Spiegeltanz am besten geklappt hat.

## 3. Tanzpuzzle

Ein bißchen Geduld erfordert die Vorbereitung dieses Tanzspieles schon. Nimm drei deiner Lieblingslieder und überspiele sie stückchenweise auf eine Kassette, wie bei einem Puzzle. Das sieht dann ungefähr so aus:
20 sec Lied 1 / 15 sec Lied 2 / 30 sec Lied 3 / 25 sec Lied 2 usw. Nun stellst du deinen Freunden die Lieder vor und zeigst zu jedem Musikstück eine andere Bewegung. Zuerst ist noch ein bißchen Übezeit, aber dann geht's los.
Die Musik wird abgespielt und deine Gäste müssen zu jedem Lied die richtige Bewegung ausführen. Ein Schiedsrichter paßt auf, wer einen Fehler macht.
Wer bei der falschen Bewegung ertappt wird, bekommt einen Papierhut aufgesetzt und muß ausscheiden.
Wer am längsten alles richtig macht, ist der Gewinner und bekommt – du kannst es dir denken – einen Preis.

So, die Stirn ist naß, ihr seid außer Puste und habt Durst. Nach einer kleinen Erholungspause geht es etwas beschaulicher weiter.

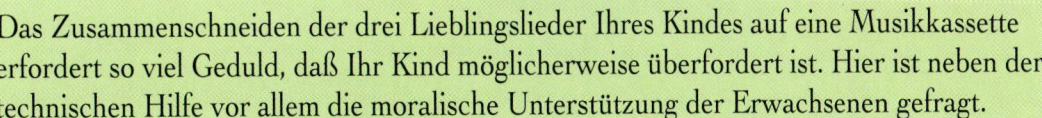

Das Zusammenschneiden der drei Lieblingslieder Ihres Kindes auf eine Musikkassette erfordert so viel Geduld, daß Ihr Kind möglicherweise überfordert ist. Hier ist neben der technischen Hilfe vor allem die moralische Unterstützung der Erwachsenen gefragt.

 # Der Riesenmaskengeist

Nach der vielen Tanzerei sind deine Gäste rechtschaffen müde - und du natürlich auch. Darum dürft ihr jetzt auch zu einer geruhsameren Tätigkeit übergehen. Wenn alle zusammen helfen, steht ruckzuck ein Riesenmaskengeist vor euch.

**Dazu sucht ihr euch zuerst einmal einige Sachen zusammen:**
- einen Besen
- eine Papiertüte
- Papier zum Zerschneiden
- ein altes Bettlaken oder ein ähnlich großes, altes Stoffstück
- Scheren, Sicherheitsnadeln, Wäscheklammern, Wachsmalkreiden und Klebstoff

Nun können die meisten Mal- und Bastelschritte gleichzeitig von verschiedenen Kindern gemacht werden.
1. Ein Kind malt auf die Papiertüte ein lustiges Gesicht.
2. Zwei Kinder schneiden schmale Papierstreifen für die Haare zu.
3. Aus den anderen Papierresten können von einigen Gästen lustige Formen zum Aufstecken ausgeschnitten werden.
4. Wenn das alles zugeschnitten ist, kann der Riesengeist zusammengesetzt werden.

5. Das Bettlaken wird mit Wäscheklammern an die Borsten des Besens geklammert. Mit einem der Papierstreifen kann das Bettuch vorsichtig zusammengebunden werden. Wenn du noch einen Rest Geschenkband zu Hause hast, gelingt das Zusammenbinden aber natürlich leichter.
6. Die Papierstreifen klebt ihr an die Tüte, so daß das Gesicht von einer wilden Haarpracht umrahmt wird.
7. Jetzt fehlen nur noch die Papierformen, die mit Sicherheitsnadeln auf dem Bettlaken festgesteckt werden.
8. Die Papiertüte wird auf den Besen gesteckt, und fertig ist der Geist.

Egal, ob er lässig in der Zimmerecke lehnt oder beschützend von der Lampe herunterhängt, ein Faschingsriesenschutzgeist wird der Stern der Faschingsparty sein.
Habt ihr euch auch inzwischen etwas ausgeruht? Prima, dann geht es los mit der nächsten Spielerunde.

# Wett- und Tobespiele

Nach den ruhigen Spielen und den Tanzspielen habe ich schließlich noch einige Spiele für dich und deine Gäste gesammelt, bei denen ihr Wettrennen veranstalten oder einfach lustig herumtoben könnt.

### 1. Knickstrohhalmrennen

Du brauchst für jeden Wettläufer einen Knickstrohhalm, das Unterteil einer Streichholzschachtel, 2 Wollfäden und ein Papierknäuel. In die beiden Längsseiten der kleinen Schachtel bohrst du je 2 Löcher. Dann wird auf jeder Seite einer der Wollfäden durch die Löcher gezogen und verknotet. So entstehen zwei Henkel.

Alle Mitspieler bekommen nun ihren Strohhalm, bei dem das Ende umgeknickt ist und hängen ihren „Korb" daran. In diesen Korb legst du das Papierknäuel.

Auf „Fertig, los" gilt es nun, mit dem Strohhalm im Mund eine bestimmte Rennstrecke hinter sich zu bringen, ohne das Knäuel zu verlieren. Wem das passiert, muß es zuerst einsammeln, bevor er weiterflitzen darf. Gewonnen hat natürlich, wer als erster im Ziel ist.

Dieses Spiel kann mit zwei oder auch mehr Kandidaten durchgeführt werden. Sehr lustig ist es, wenn ihr es als Staffellauf spielt und zwei Gruppen bildet.

## 2. Riesenschlange

Für dieses Spiel braucht ihr ein bißchen Platz, aber es lohnt sich. Dabei bilden alle deine Freunde eine Riesenschlange, indem sich jeder an den Hüften des Vordermannes festhält.
Nun bekommt das letzte Kind ein Tuch in den Hosenbund geklemmt (eine Wäscheklammer tut's auch, wenn am ganzen Kostüm kein Gummizug zu finden ist).
Die Aufgabe des Schlangenkopfes (1. Kind) ist es nun, sich das Tuch zu angeln. Gelingt ihm das in einer vorher vereinbarten Zeit nicht, hat er das Spiel verloren. Nach geangeltem Tuch oder abgelaufener Zeit bekommen zwei andere Kinder die Chance, sich um das Stoffstück zu „streiten".

## 3. Der Ballon platzt

Nötig ist eigentlich nur eine ungerade Zahl von Mitspielern. Bis auf ein Kind bilden alle anderen Paare, die sich an den Händen fassen.
Sie tanzen im Seitschritt (wie bei der Polka) um das einzelne Kind im Kreis herum.
Dann ruft das Kind: „Der Ballon platzt!"
Nun müssen sich die Paare trennen. Jeder sucht sich einen neuen Partner, und auch das Kind in der Mitte sucht sich einen Tänzer. Ein Mitspieler bleibt übrig und ist nun das neue Kind in der Mitte. Das Spiel ist zu Ende, wenn ihr keine Lust mehr habt, oder wenn euch die Uhr zeigt, daß sich die Party langsam dem Ende zuneigt.

Etwas darf aber nicht vergessen werden – die große Preisverteilung!

 # Das Preisangeln

Du hast deine selbstgebastelten Geschenke an einer langen Schnur befestigt (nur mit einem einfachen Knoten!) und die eine oder andere verpackte Süßigkeit noch dazugehängt. Nach den Spielen haben die Gewinner ihren Preis nicht einfach in die Hand gedrückt bekommen. Mit einer Spielgeldmünze oder einer bunten Pappscheibe sind sie auf das Ende der Party vertröstet worden.
Nun wird die Geschenkeschnur im Zimmer aufgehängt, je nach Spiel höher und tiefer. Wenn es gar nichts zum Aufhängen gibt, müssen sich zwei Gäste als „Haltestangen" opfern. Später werden sie dann abgelöst.
Jetzt gibt es verschiedene Möglichkeiten, um die Preisverteilung durchzuführen.

1. Die Schnur wird relativ niedrig gehalten. Dann müssen sich die Preisträger auf den Rücken legen, die Hände im Nacken verschränken und den Preis mit den Füßen herunterholen.

2. Die Schnur wird so hoch gehängt, daß deine Freunde ihren Preis nur mit Mühe mit dem Mund erreichen. Das müssen sie aber, denn die Hände sind auf dem Rücken.

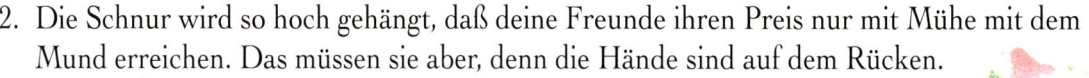

3. Die Schnur hängt noch ein Stück höher. Die Gewinner bekommen die Augen verbunden. Dann drückst du ihnen eine Schere in die Hand. Sie müssen nun ihr Geschenk ertasten und es mit der Schere abschneiden.

Ich bin mir sicher, daß die Stimmung auf deiner Faschings- oder Karnevalsparty sehr gut ist. Die Preisverteilung wird also unter lautem Beifall und vielleicht auch Gelächter stattfinden. Eines noch: Sollten deine Preise unterschiedlich wertvoll sein, kannst du die Verteilung beeinflussen, wenn du das möchtest. Packe die Sachen in unterschiedlichen Farben ein (je nach Wert) und gib dann die entsprechend farbigen Pappscheiben aus.

So, nun aber gibt es ein allerletztes Spiel!

# Aram-Sam-Sam

Kennst du dieses Lied?
Es ist nicht schwer zu lernen.

Volkstümlich überliefert

Das Spiel geht so:
Alle Kinder sitzen im Kreis auf Stühlen oder auf dem Boden. Ihr singt das Lied ganz, ganz langsam und macht dabei folgende Bewegungen:
1. Bei Aram sam sam:  dreimal mit beiden Händen gleichzeitig auf die Oberschenkel patschen
2. Bei Gulli gulli:  beide Hände umeinanderdrehen wie beim Wolle aufwickeln
3. Bei Arafi arafi:  zweimal die Hände nach oben strecken und den Oberkörper zur arabischen Begrüßung nach vorne beugen

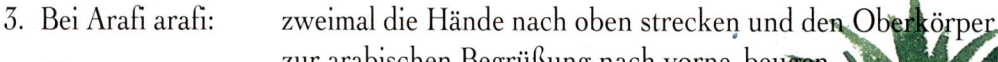

Im Lied sieht das, der Reihe nach gespielt, dann so aus:

a)       Aram sam sam = 1
b)       Aram sam sam = 1
c)       Gulli, gulli, gulli, gulli, gulli = 2
d)       Ram sam sam = 1
a) – d) wiederholen
e)       Arafi, arafi = 3
f)       gulli, gulli, gulli, gulli, gulli = 2
g)       Ram sam sam = 1
e) – g) wiederholen.

Geschafft?
Das übst du mit deinen Freunden jetzt noch ein- oder zweimal ganz langsam. Dann fängst du aber an, das Tempo zu steigern.
Nach der 5. oder 6. Wiederholung singt ihr so schnell, daß wohl kein Kind mehr die Bewegungen richtig durchführen kann. Wenn alle nur noch wie Hampelmänner zappeln, ist das Lied zu Ende – und die Faschingsparty auch.

Auf dem Heimweg werdet ihr aber bestimmt noch „Aram sam sam" vor euch hinsummen.

# Fasching, Fastnacht, Karneval ade!

Ein turbulenter, fröhlicher Nachmittag ist zu Ende gegangen. Die Kinder waren verkleidet, haben getanzt, gespielt und gesungen. Sie haben auf ihre Weise „den Winter vertrieben".
Fasching, Fastnacht und Karneval ist eine lustige Zeit und entspricht der Ausgelassenheit und Freude der kindlichen Art, Feste zu feiern.
Bisweilen aber fällt es den Kindern schwer, sich mit dem Ende eines Festes abzufinden.
Noch viel schwieriger ist es für sie, das Ende der Fastnacht zu akzeptieren.
Ein ganzes Jahr muß man warten, bis diese Zeit des Verkleidens wiederkehrt.
Zudem wird der Karneval von der Fastenzeit abgelöst, die in ihrer Intention entgegengesetzter nicht sein könnte.
Hier brauchen die Kinder uns Erwachsene, um Sinn und Notwendigkeit der „Nachfaschingszeit" verstehen zu lernen und sich gemeinsam mit uns auf das Osterfest vorzubereiten.